MANUEL FORMULAIRE

DE

DROIT COMMERCIAL

A L'USAGE DES JUGES CONSULAIRES

Ouvrage contenant
l'exposé des règles générales, la solution des questions
pratiques en matière commerciale
et les formules les plus usuelles de jugements

PAR

E. SCHAFFHAUSER

Docteur en Droit
Avocat à la Cour d'appel

PARIS

IMPRIMERIE & LIBRAIRIE GÉNÉRALE DE JURISPRUDENCE

MARCHAL & BILLARD

Imprimeurs-Éditeurs, Libraires de la Cour de Cassation
27, Place Dauphine, 27

—

1888

MANUEL FORMULAIRE

DE

DROIT COMMERCIAL

MANUEL FORMULAIRE

DE

DROIT COMMERCIAL

A L'USAGE DES JUGES CONSULAIRES

Ouvrage contenant
l'exposé des règles générales, la solution des questions
pratiques en matière commerciale
et les formules les plus usuelles de jugements

PAR

E. SCHAFFHAUSER

Docteur en Droit
Avocat à la Cour d'appel

PARIS

IMPRIMERIE & LIBRAIRIE GÉNÉRALE DE JURISPRUDENCE

MARCHAL & BILLARD

Imprimeurs-Éditeurs. Libraires de la Cour de Cassation
27, Place Dauphine, 27

1888

APPENDICE

DES JUGEMENTS RENDUS PAR LES TRIBUNAUX

DE COMMERCE

SECTION I

DES DIFFÉRENTES ESPÈCES DE JUGEMENTS

Les jugements se distinguent en espèces assez nombreuses, et reçoivent diverses qualifications. On les divise en jugements définitifs et en jugements avant faire droit, ou bien encore en jugements contradictoires et en jugements par défaut.

§ 1er Des jugements définitifs et avant faire droit

Les jugements définitifs sont non-seulement ceux qui statuent directement sur le fond de la contestation, et la terminent, mais encore ceux qui prononcent sur des incidents, tels que des exceptions, des fins de non-recevoir, des nullités.

Les jugements avant faire droit, sont ceux qui avant

de statuer définitivement, ordonnent une mesure quelconque à exécuter, soit par les parties elles-mêmes, soit par des arbitres, soit par des juges Ils se subdivisent en jugements préparatoires, provisoires et interlocutoires.

On entend par jugements préparatoires, ceux par lesquels le tribunal ordonne certaines mesures propres à précipiter, à accélérer l'instruction et la décision de l'affaire : mesures qui pourtant ne préjugent en rien le résultat de cette décision. Les jugements provisoires sont ceux par lesquels un tribunal décide actuellement et par provisions, certaines questions détachées de la cause principale, et qui présentent un caractère spécial d'urgence. Notamment ceux par lesquels ils prescrivent certaines dispositions pour la conservation de la chose litigieuse. Enfin les jugements interlocutoires, sont ceux qui ordonnent une preuve, une vérification ou autre mesure d'instruction préjugeant le fond du procès, c'est-à-dire faisant pressentir la solution définitive que recevra la contestation.

§ 2 Des jugements contradictoires et par défaut

Les jugements contradictoires sont ceux dans lesquels, chaque partie a, soit en personne, soit par un représentant, pris des conclusions à l'audience.

Les jugements par défaut, au contraire, sont ceux qui sont rendus contre une partie qui ne comparaît pas devant les juges, soit en personne, soit par un représentant, ou pour laquelle il n'est pas pris de conclusion.

Il existe différentes espèces de jugements par défaut. Les jugements par *défaut simple*, sont ceux qui sont rendus contre le défendeur, c'est-à-dire contre une partie assignée non comparante.

Les jugements par *défaut sans égard à la remise*, sont ceux qui sont rendus sans égard à la remise demandée, quand l'une des parties ne justifiant pas de motifs suffisants pour obtenir une remise à une autre audience, refuse de plaider.

Le jugement de défaut sans égard à la remise, n'est susceptible d'opposition que dans la huitaine de sa signification, par assimilation au jugement par défaut contre une partie qui a constitué avoué. S'il intervient après opposition, il ne peut plus être attaqué par la voie de l'opposition.

Le jugement de *défaut débouté* est prononcé contre le défendeur non comparant qui, après avoir formé opposition à un jugement par défaut, a été assigné par le demandeur originaire en débouté de son opposition. Ce jugement est définitif qu'il soit rendu par défaut faute de comparaître, ou faute de conclure.

Le *défaut congé* est donné au défendeur comparant contre le demandeur non comparant. De même que le jugement par défaut contre le défendeur, le jugement par défaut congé, peut être prononcé contre le demandeur ou faute de comparaître ou faute de conclure.

Lorsque l'opposant à un jugement par défaut comparait seul, sur l'ajournement contenu dans l'opposition, on donne également en pareil cas, défaut congé contre le défendeur à l'opposition, parce que quoique défendeur dans la circonstance, il n'est pas moins le demandeur originaire ; mais si on prononce contre lui défaut, et pour le profit, congé de la demande qu'il a formée, en réalité ce n'est pas un défaut-congé proprement dit, mais bien un jugement par défaut adjugeant les conclusions prises par l'opposant dans son opposition.

En donnant défaut-congé contre le demandeur, le tribunal peut se déclarer non recevable en sa demande, sans vérification ni motifs.

Le *défaut congé débouté* est adjugé au défendeur à l'opposition, comparant, contre l'opposant, demandeur sur l'opposition, qui ne se présente pas ou refuse de conclure.

A la différence du défaut congé proprement dit, par lequel le tribunal se borne à renvoyer le défendeur de la demande, sans lui adjuger aucunes conclusions, le défaut-congé-débouté, non-seulement donne défaut contre le demandeur sur opposition, mais encore il déboute l'opposant de son opposition.

Il y a lieu à jugement par *défaut profit-joint*, quand plusieurs défendeurs étant assignés pour la même cause, les uns comparaissent et les autres font défaut. En pareil cas le profit, c'est-à-dire l'adjudication des conclusions du demandeur, au lieu d'être prononcé immédiatement, comme dans un jugement par défaut simple, contre celui ou ceux des défendeurs qui ne comparaissent pas, est joint à la cause d'entre les parties comparantes, et n'est prononcé que dans le jugement qui statue à l'égard de toutes les parties.

Le jugement par défaut profit-joint, doit être signifié aux défaillants, par huissier commis, avec réassignation au jour où la cause doit être appelée avec ces comparants. Il est alors statué à l'égard de toutes les parties par un seul et même jugement, qui n'est susceptible d'opposition de la part d'aucune d'elles.

Il importe cependant d'observer que les tribunaux de commerce ne sont pas comme les tribunaux civils, soumis à l'obligation de rendre un jugement par défaut profit-joint, toutes les fois que parmi les défendeurs assignés il s'en trouve qui font défaut.

Cette prescription obligatoire en matière civile, est simplement facultative pour les tribunaux de commerce, qui peuvent donc, soit statuer immédiatement à l'égard de toutes les parties comparantes ou non comparantes, soit prononcer un jugement de défaut profit-joint, et ordonner la réassignation des défaillants, quand ils le croient nécessaire pour éviter une contradiction de jugements dans une même affaire.

Mais ils ne jouissent plus de cette faculté, et doivent prononcer le défaut profit-joint, quand le demandeur le demande formellement.

Le *défaut pour le profit*, est une remise de cause par défaut, à tel jour déterminé, à l'égard d'un défendeur qui ne comparait pas et contre lequel le demandeur, par un motif quelconque, ne veut pas requérir l'adjudication immédiate du profit, autrement dit des conclusions de la demande.

Le défaut pour le profit est également prononcé d'office lorsque le tribunal est obligé d'ajourner la cause à une autre audience, soit parce que s'agissant d'une affaire qui intéresse une faillite, il faut entendre en son rapport le juge commissaire et renvoyer au jour où il siégera, soit parce qu'il est nécessaire de recourir à la mise en délibéré pour reconnaître si les conclusions de la demande sont justes et bien vérifiées.

On prononce encore défaut pour le profit, à l'égard d'un défendeur qui ne comparait pas, lorsqu'un autre défendeur comparait, afin de statuer contre tous les deux par un seul et même jugement. Le défaut ainsi prononcé, évite de réassigner le défendeur défaillant, ou de prendre contre lui un jugement de condamnation séparé.

Les jugements par défaut peuvent être attaqués par voie d'opposition, formée par la partie contre laquelle le défaut a été prononcé.

L'opposition est, en général, recevable contre tous jugements par défaut, soit préparatoires, soit interlocutoires, soit définitifs, sans qu'il y ait lieu de distinguer si c'est le demandeur ou le défendeur qui fait défaut.

Néanmoins l'opposition cesse d'être recevable, à l'égard du jugement qui déboute d'une première opposition, après un premier jugement par profit-joint, enfin dans le cas où le jugement par défaut ne prononce aucune condamnation : par exemple quand il se borne à joindre le défaut à l'instance pendante entre le demandeur et d'autres défendeurs qui ont comparu sur l'assignation.

Les jugements par défaut faute de comparaître, peuvent être attaqués par opposition jusqu'à leur exécution. De plus ils sont réputés non avenus, s'ils n'ont pas été exécutés dans les trois mois de leur obtention.

Les jugements par défaut faute de conclure, c'est-à-dire rendus contre une partie qui a comparu, ou qui a été représentée par un fondé de pouvoirs, ne peuvent au contraire être frappés d'opposition que dans la huitaine de la signification.

Le jugement de défaut congé, et le jugement sans égard à la remise, ne sont notamment susceptibles d'opposition que dans la huitaine de la signfication.

SECTION II

DES EXCEPTIONS

Une exception est un moyen employé par le défendeur pour retarder l'examen d'une demande, et qui tend à en critiquer la forme et non à la repousser au fond.

Il arrive fréquemment que le défendeur au lieu de conclure au fond, se borne seulement à opposer une exception, ou encore qu'après avoir opposé une ou plusieurs exceptions, il présente subsidiciairement seulement au cas ou l'exception ne serait pas accueillie, des conclusions au fond.

En pareil circonstance, le tribunal est tenu de statuer d'abord sur l'exception, avant de statuer sur le fond. Mais il le fait par un seul et même jugement.

Les exceptions qui sont opposées le plus souvent sont celles tirées de l'incompétence, de la listispendance et de la connexité, de la nullité de la procédure, du sursis attendu la plainte à l'instruction, ou étant dans les délais pour faire inventaire et délibérer, la prescription, la péremption et la dénégation de signature.

Le défendeur à une action intentée devant un tribunal de commerce, peut opposer l'incompétence à raison de la matière ou à raison de la personne. Il y a incompétence à raison de la matière quand on saisit d'un procès une juridiction qui, par des considérations d'intérêt général, n'a pas le droit de connaître des affaires de cette nature. Il y a incompétence à raison de la personne, lorsque entre les tribunaux de la même juridiction, on saisit celui qui par des motifs d'intérêt privé, n'a pas spécialement mission de connaître de l'affaire mais qui connait d'affaires semblables.

Dans les premiers cas le tribunal de commerce, saisi par exemple d'une action civile, doit se déclarer d'office incompétent ; l'incompétence doit être déclarée, soit à la demande des parties en tout état de cause, soit même dans le silence des parties par le tribunal lui-même. Au contraire, s'agit-il d'une compétence à raison de la personne, a t-on porté par exemple une affaire commerciale devant un tribunal de commerce non compétent, (*V. suprà* p. 188)., cette incompétence doit être proposée dès le début de l'instance.

En matière civile, les tribunaux devant lesquels des déclinatoires sont opposés, ne peuvent les réserver ou les joindre au fond, ni statuer en même temps sur l'exception et sur le fond. En matière commerciale au contraire, les tribunaux peuvent surseoir à statuer sur la question du déclinatoire, jusqu'à ce que le fond ait été plaidé devant eux. En pratique les juges consulaires, statuent toujours par le même jugement sur l'exception et le fond, mais ils doivent le faire par deux dispositions distinctes, dans deux chefs séparés de leur sentence.

Il y a listispendance lorsque la demande formée devant un tribunal, est déjà pendante devant un autre. En pareil cas, pour éviter l'inconvénient de décisions opposées, qu'il serait impossible d'exécuter simultanément, le défendeur peut opposer l'exception de listispendance, et demander son renvoi devant le tribunal déjà saisi.

Il y a connexité, lorsque deux demandes ont entre elles, une si étroite liaison, qu'il est nécessaire de les débattre toutes deux devant les mêmes juges, afin d'éviter l'inconvénient de deux jugements contraires. En pareil circonstance, si le défendeur vient à opposer cette exception le tribunal saisi le second, doit renvoyer l'affaire à celui qui a été saisi le premier.

Les exceptions tirées de la nullité de la procédure, sont celles qui sont fondées sur la nullité d'un exploit ou d'un acte de procédure.

La veuve ou l'héritier commerçant, assigné devant un tribunal de commerce, soit en reprise, soit par action nouvelle, peuvent opposer qu'ils se trouvent encore dans les délais pour faire inventaire et délibérer, c'est-à-dire pour prendre qualité. Cette contestation sort tout-à-fait de la compétence exceptionnelle du tribunal de commerce devant lequel elle s'élève. Il est évident en effet, que, si le défendeur dénie la qualité sur laquelle est fondée l'action du demandeur, s'il prétend n'être pas héritier, n'avoir pas fait acte d'acceptation, ces questions que cette défense soulève, ne sont plus des questions commerciales. Il en résulte que le tribunal de commerce doit renvoyer les parties, même d'office, c'est-à-dire, même quand elles ne le requièrent pas, devant les tribunaux civils, auxquels appartenait exclusivement la connaissance de cette affaire.

Le tribunal de commerce, doit encore renvoyer les parties devant les juges qui doivent en connaître, et surseoir au jugement de la demande principale, quand le défendeur méconnait ou dénie l'écriture, la signature du billet en vertu duquel il est poursuivi, ou lorsqu'il déclare s'inscrire en faux contre le titre authentique invoqué par le demandeur. Néanmoins, si la pièce ainsi déniée ou arguée de faux, n'est relative qu'à un des chefs de la demande, il peut être passé outre au jugement des autres chefs.

Enfin la partie assignée peut prétendre avoir le droit d'appeler une personne en garantie, des condamnations qui pourront être prononcées contre elle. En pareil cas le tribunal devra surseoir à statuer.

SECTION III

FORMULES DE JUGEMENTS

La rédaction des jugements doit contenir les noms des juges ; les noms professions et demeures des parties, leurs conclusions, l'exposition sommaire des points de fait et de droit, enfin les motifs et le dispositif du jugement.

Les juges consulaires ne rédigent que les motifs et le dispositif du jugement. La rédaction des autres parties en est faite par le greffier. Les motifs des jugements doivent porter successivement sur chaque chef de la demande.

D'une manière générale, on expose d'abord les prétentions de la partie qui succombe, et l'on établit ensuite les motifs qui déterminent le tribunal à rejeter ces prétentions.

Nous allons indiquer les formules les plus usitées de jugements, en les divisant en jugements contradictoires, par défaut, sur exception et sur appel de sentence des Prud'hommes.

§ 1er. — Des jugements contradictoires

Les jugements contradictoires sont, avons nous dit, ceux dans lesquels chaque partie a, soit en personne, soit par un représentant pris des conclusions à l'audience.

Une demande en paiement peut donner lieu aux jugements suivants :

Jugements au profit du demandeur.

Quand la demande est accueillie par le tribunal, on expose d'abord les motifs allégués par le défendeur pour se refuser au paiement demandé ; puis l'on indique les raisons pour lesquelles ces motifs ne paraissent pas justifiés.

Le Tribunal,

Attendu que pour résister à la demande, X.... (le défendeur), prétend que les marchandises dont le paiement est réclamé, n'étant pas de bonne qualité, il n'en devrait pas le prix.

Mais attendu que (suivent les motifs); qu'il en a pris livraison, qu'il en doit donc le prix justifié s'élevant à la somme de........ fr., qu'il convient en conséquence de l'obliger à en effectuer le paiement.

Par ces motifs,

Condamne X.... (le défendeur), à payer à.............., ... fr. avec les intérêts suivant la loi ;
Et le condamne aux dépens.

Le Tribunal,

Attendu que, contrairement aux allégations de.......

......., qui soutient qu'il n'aurait contracté aucun engament envers le demandeur, il appert des débats et des renseignements recueillis que, dans le courant du mois de .... une convention verbale est intervenue entre les parties aux termes de laquelle........, a engagé le demandeur en qualité de........, pour la durée d'une année avec appointements mensuels de ...... fr. ;

Attendu que........, justifie avoir tenu son emploi jusqu'au.........., qu'il lui est dû pour appointements .... fr., au paiement desquels.......... doit être obligé.

Par ces motifs,

Condamne.......... à payer à............, ... fr., avec les intérêts suivant la loi ;
Condamne............ en tous les dépens.

Le Tribunal,

Attendu que résistant à la demande (la défenderesse) soutient qu'étant mariée sous le régime dotal, elle ne saurait être tenue au paiement de la somme réclamée ;

Qu'en conséquence, la demande de............ devrait être repoussée ;

Mais attendu que le billet dont paiement est réclamé a été souscrit conjointement et solidairement par la défenderesse et son mari à l'ordre des demandeurs ;

Que le régime dotal sous lequel la défenderesse voudrait abriter son refus de payer, n'est pas de nature à l'affranchir de l'obligation qu'elle a contractée ;

Et attendu que souscripteur solidaire du billet dont il s'agit, dame (la défenderesse), doit être tenue au paiement de la somme réclamée.

Par ces motifs,

Condamne dame (la défenderesse), à payer à (le demandeur).......... fr. avec intérêts suivant la loi ;
La condamne aux dépens.

Jugement au profit du demandeur.

Si le tribunal juge qu'il n'y a pas lieu d'accueillir la demande, ce sont au contraire les prétentions du demandeur qui figurent en tête du jugement et qui sont réfutées dans la seconde partie.

Le Tribunal,

Attendu que (le demandeur) prétend qu'il aurait, aux termes d'une convention intervenue entre les parties, le (date), vendu des marchandises moyennant le prix de...
...... à (le défendeur), que ce dernier en ayant pris livraison, devrait être tenu à en payer le prix vérifié de........
Mais attendu que contrairement à ces allégations, il ressort des piéces versées aux débats que (suivent les motifs qui font échec à la demande);

Par ces motifs,

Déclare (le demandeur) non recevable en sa demande, l'en déboute, le condamne aux dépens.

Ou encore :

Par ces motifs,

Déclare (le demandeur) mal fondé dans toutes ses demandes, fins et conclusions, l'en déboute et le condamne aux dépens.

Demande en restitution.

Quand la demande conclut non plus à un paiement, mais à une obligation de faire, à une restitution par exemple, le tribunal s'il y a lieu, ordonne cette restitution dans les termes suivants ;

Le Tribunal,

Attendu que (suivent les motifs).

Qu'il y a lieu, en conséquence, d'obliger le défendeur à la restitution demandée, et faute de ce faire, d'autoriser ce dernier à racheter............ aux frais, risques et périls de...............

Par ces motifs,

Ordonne que............ sera tenu de restituer......
.... (l'objet du litige) ;

Et ce, dans la huitaine de la signification du présent jugement ;

Sinon, et faute de ce faire dans ledit délai, et icelui passé, autorise dès à présent................ à acheter (une chose pareille à celle qui fait l'objet du litige), aux frais, risques et périls de............

Condamne dans ce cas........... à lui rembourser le prix de l'acquisition, ensemble les interêts.

Condamne............ aux dépens.

Offres réelles.

Fréquemment le défendeur à qui le paiement d'une somme est réclamée, fait soit à la barre, soit par exploit, offre réelle de la somme qu'il croit réellemeut devoir, afin d'éviter la condamnation aux dépens. En pareil cas si le tribunal juge les offres suffisantes, il statue comme suit :

Par ces motifs,

Déclare suffisantes les offres faites par.....

Et sous le mérite de la réalisation des dites offres, déclare..... non recevable en sa demande, l'en déboute, le condamne aux dépens.

Demande Reconventionnelle.

Il arrive encore que la partie assignée, soit en paiement, soit en restitution, soit en exécution d'une obligation quelconque, se prétende créancière du demandeur soit d'une somme d'argent, soit en général d'une obligation. En pareil cas, elle intente contre le demandeur une demande reconventionnelle, qui conclut soit au rejet complet de la demande principale, soit seulement à la compensation des obligations dont l'exécution est réciproquement demandée.

Dans la pratique, les demandes reconventionnelles comprennent souvent des demandes en dommages-intérêts pour inexécution d'un engagement quelconque.

Le tribunal, en cette circonstance, joint les causes et, statue, d'abord sur la demande principale, puis sur la demande reconventionnelle, comme suit :

Le Tribunal,

Vu la connexité joint les causes et statuant sur le tout par un seul et même jugement.

Sur la demande principale,

Attendu que (suivent les motifs).

Sur la demande reconventionnelle.

Attendu qu'il est acquis aux débats que le défendeur a fait savoir à..... qu'il cesserait à un prochain jour de tenir l'emploi pour lequel il avait été engagé ;

Attendu que le défendeur a ainsi manqué aux obligations qu'il avait contractées envers....'... et lui a causé un préjudice dont il lui doit réparation ;

Attendu que faute par....... d'apporter une preuve à l'appui de ses allégations par lesquelles il soutient qu'une clause pénale de....., fr. aurait été stipulée entre les parties, à la charge de celle qui manquerait à l'exécution des conventicns existant entre elles, il appartient au Tribunal d'apprécier l'importance du préjudico qui a été causé par le défendeur à......

Qu'à l'aide des éléments d'appréciation qu'il possède, le tribunal la fixe à..... fr. au paiement desquels..... doit être obligé.

Par ces motifs,

Condamne (sur la demande principale)
Condamne....... à payer à..... fr ; à titre de dommage intérêts ;
Dit que ces condamnations se compense:ont jusqu'à due concurrence ;
Déclare les parties respectivement mal fondées dans le surplus de leurs demandes, les en déboute ;
Et vu les circonstances de la cause, condamne....... en tous les dépens.

Quand les demandes principale et reconventionnelle comprennent plusieurs chefs, le tribunal les examine successivement, comme dans l'espèce suivante.

Le Tribunal,

Vu la connexité joint les causes et statuant sur le tout par un seul et même jugement.

Sur la résiliation des conventions.

Attendu que cette résiliation est demandée par les deux parties, qu'il convient de rechercher à la charge de qui elle doit être prononcée.

Attendu que suivant conventions verbales inter:enues à la date du...... .... Millot s'était engagé à......

Qu'il ressort de l'instruction et des débats, que malgré les observations qui lui ont été adressées à différentes reprises, par Marlet le service auquel il s'était obligé n'a été qu'imparfaitement fait, et qu'il a donné lieu à d'incessantes réclamations ;

Que si Millot allègue de son côté que Marlet n'avait pas rempli ses engagements envers lui, il n'apporte à cet égard aucune espèce de justification;

Que dans ces circonstances, Millot doit être considéré comme n'ayant pas exécuté toutes les conditions du contrat, et qu'il y a lieu en conséquence, d'en prononcer la résiliation à sa charge.

Sur la demande de Marlet en dommages intérêts.

Attendu que la résiliation qui va être prononcée cause, à Marlet, un préjudice dont Millot lui doit réparation, que le tribunal avec les éléments de la cause fixe à..... fr.

Qu'il y a lieu d'accueillir la demande à concurrence de cette somme.

Sur la demande de Millot en dommages-intérêts.

Attendu qu'il résulte de ce qui précède que cette demande doit être repoussée.

Sur la demande de Millot en paiement de.....fr.

Attendu que suivant les conventions précitées....... Millot recevait pour le service auquel il s'était engagé une rémunération annuelle de..... fr.

Qu'il est établi.. ..

Qu'il a droit de ce chef à une allocation partielle de son indemnité annuelle, que le tribunal avec les éléments d'appréciation qu'il possède fixe à...... fr.

Par ces motifs,

Déclare résiliées du fait et à la charge de Millot les conventions, objet du litige;

Condamne Millot à payer à Marlet..... fr. à titre de dommages-intérêts ;

Condamne Marlet à payer à Millot..... fr. avec les intérêts suivant la loi ;

Dit que ces deux condamnations se compenseront à due concurrence dans les termes de droit ;

Déclare les parties respectivement mal fondées dans le surplus de leurs demandes fins et conclusions, les en déboute ;

Et vu les circonstances de la cause, condamne Millot en tous les dépens.

Demande en Garantie-

Quand une exception en garantie a été opposée par le défendeur, ou sans que cette exception ait été proposée, quand il assigne une personne en garantie des condamnations qui pourront être prononcées contre lui, le tribunal joint les causes, examine d'abord la demande principale puis statue sur la demande en garantie.

Cette dernière demande devient évidemment sans objet quand il n'est pas fait droit à la demande principale.

Nous indiquons d'abord en quels termes sont conçus d'ordinaire, les jugements qui après avoir accueilli la demande principale, statuent sur la demande en garantie.

Le Tribunal,

Vu la connexité, joint les causes, et statuant sur le tout par un seul et même jugement.

Sur la demande principale,

Attendu qu'il est établi que le..... une voiture appartenant à..... est venu heurter le cheval appartenant à ..... alors que le conducteur opérait le déchargement de la marchandise contenue dans le camion auquel était attelé ce cheval ; que cette collision qui est le résultat de l'imprudence du cocher du défendeur, a causé au cheval des blessures graves nécessitant un long traitement et lui faisant perdre une partie de sa valeur ; qu'il en est résulté pour le demandeur un préjudice dont..... lui doit réparation ; et que le tribunal avec les éléments d'appréciation qu'il possède, fixe tant pour les frais de maladie que pour la détérioration du cheval à..... fr. ;

Qu'il y a lieu en conséquence d'obliger..... au paiement de cette somme.

Sur la demande en garantie.

Attendu que (le défendeur), est assuré à la compagnie..... contre les accidents causés par ses voitures et ses chevaux à des tiers ; que si cette dernière compagnie soutient que le dommage ayant été causé par le bris de la marchandise placée sur la voiture, elle ne serait pas dans ces circonstances, responsable de ce dommage, il convient de reconnaître que cet accident est la conséquence directe du choc occasionné par la collision survenue entre les deux voitures et rentre ainsi dans le risque assuré par........ à la compagnie......

Qu'il y a lieu dès lors d'obliger la dite compagnie à garantir et à indemniser..... des condamnations qui vont être prononcées contre..... (le défendeur).

Par ces motifs,
Vu le Rapport de l'arbitre,

Condamne (le défendeur sur la demande principale), par les voies de droit, à payer à (le demandeur) la somme de..... à titre de dommages intérêts ;

Le condamne en outre aux dépens de ce chef, même au coût de l'enregistrement du présent jugement y afférent ;

Condamne la Compagnie..... par les voies de droit, à garantir et indemniser ..... des condamnations ci-dessus prononcée, en principal et frais, et la condamne en outre aux dépens de ce chef, même au coût de l'enregistrement du présent jugement y afférent ;

Ordonne que le présent jugement, sera exécuté selon sa forme et teneur, et en cas d'appel par provision, à charge de fournir caution, ou de justifier de solvabilité suffisante, conformément à l'article 439 du code civil.

Au contraire quand la demande principale n'étant pas accueillie, la demande en garantie est devenue sans objet, il est statué comme suit.

Sur la demande en garantie formée par.............
Attendu qu'aucune condamnation n'intervenant contre...
cette demande est devenue sans objet.

Par ces motifs.

Déclare ..... mal fondé en sa demande, l'en déboute;
Dit qu'en raison de ce qui précède, la demande en garantie est devenue sans objet ;
Et condamne..... en tous les dépens.

Jugements de faillite.

Les tribunaux de commerce sont appelés, soit à déclarer un commerçant en état de faillite, et à fixer l'époque de la cessation de paiement, soit à vider les difficultés qui peuvent survenir au cours d'une faillite.

Le Tribunal qui rend un jugement déclaratif de faillite, fixe provisoiremsnt l'époque de la cessation de paiement au jour de la demande; sauf circonstances spéciales.

Jugement déclaratif de faillite.

Le Tribunal,

Attendu que des documents produits, il ressort que...

est commerçant, qu'il est en état de cessation de paiement ; qu'elle résulte notamment d'un procès verbal de carence dressé contre lui (ou autre fait), en date du ..... par..... huissier, qu'il y a lieu, en conséquence, de le déclarer en état de faillite ouverte ;

Par ces motifs,

Déclare en état de faillite ouverte..... (nom prénoms, profession adresse) fixe provisoirement au jour de la demande, l'époque de la cessation de paiement, nomme M....., juge commissaire, et le sieur....., syndic provisoire.

Dépens en frais de syndicat.

V. *infrà* p. 27 la formule du jugement déclaratif de faillite par défaut.

Jugement rejetant la demande en déclaration de faillite.

S'il n'y a pas lieu d'accueillir la demande en déclaration de faillite, il est statué comme suit.

Le Tribunal,

Attendu qu'il n'est pas justifié quant à présent que ... que dès lors la demande en déclaration de faillite formée contre....., ne saurait être accueillie.

Par ces Motifs

Déclare..... quant à présent.... en..... demande, l... en déboute et l... condamne aux dépens.

Jugement reportant l'époque de la cessation de paiements.

Quand il y a lieu de reporter l'époque de la cessation

de paiements à une époque antérieure à celle du jugement déclaratif de faillite, le tribunal statue en ces termes :

Le Tribunal

Attendu que des documents et des débats, il ressort que dès le... (date), (le failli) dans l'impossibilité de faire face à ses engagements, faisait appel à ses créanciers et sollicitait d'eux, la remise de leurs créances contre abandon de son actif, lequel était notoirement de beaucoup inférieur à son passif ;

Qu'en l'état, il y a lieu de reconnaître que la vie commerciale de (le failli), a complètement cessé dès le (date), et qu'il convient en conséquence de reporter à ladite date, l'époque de la cessation de ses paiements.

Par ces motifs.

Ouï M. le juge-commissaire.

Fixe et reporte au (date) l'époque de la cessation des paiements du sieur (le failli).

Jugement ordonnant l'admission au passif d'une faillite.

Le Tribunal.

Attendu qu'aux termes de l'article 445, c. comm., le jugement déclaratif de faillite arrête, à l'égard de la masse, le cours des intérêts de toute créance non garantie par un privilège, par un nantissement ou par une hypothèque, qu'il y a lieu de déclarer suffisantes les offres faites par le syndic d'admettre..... au passif de la faillite pour la somme de..... fr. représentant les arrérages courus du..... au....., et échus à cette date.

Par ces motifs.

Ouï M. le juge-commissaire en son rapport oral ;

Donne acte au syndic des offres par lui faites ;

En conséquence ordonne qu'il sera tenu d'admettre.....
au passif de la faillite de (le failli) pour la somme de.....
fr. ; à charge par les demandeurs d'affirmer la sincérité
de leurs créances en la forme ordinaire et accoutumée ;

Condamne..... aux dépens.

Jugement deboutant un syndic de sa demande.

Le Tribunal,

At endu qu'il résulte des documents soumis au tribunal
que les actions dont (le syndic) ès qualité poursuit la
libération ont été souscrites par dame..... sans l'auto-
risation de son mari ; que loin de ratifier l'opération faite
par sa femme, ce dernier dès qu'il en a eu connaissance,
en a demandé la mise à néant.

Qu'en l'état (le syndic) est sans droit pour demander à
dame..... le paiement du solde des actions dont s'agit ;

Par ces motifs.

Ouï M. le juge-commissaire en son rapport oral.

Déclare (le syndic) ès qualité, mal fondé dans sa demande, l'en déboute ;

Et le condamne aux dépens, qu'il emploiera en frais
de syndicat.

§ 2. — Des jugements par défaut

Les jugements par défaut, sont ceux qui sont rendus contre une partie qui ne comparait pas devant les juges, soit en personne, soit par un représentant, ou pour laquelle il n'est pas pris de conclusions. Il existe différentes espèces de jugements par défaut.

Jugement par défaut simple.

Les jugements par défaut simple v. *suprà p.* 6, constatent d'abord la non comparution du défendeur, puis adjugent les conclusions du demandeur avec la mention, qu'elles paraissent justes et qu'elles se trouvent vérifiées. Ils sont conçus dans les termes suivants :

Le Tribunal,

Attendu que..... ne comparait pas ni personne pour lui, donne défaut contre lui, mais statuant d'office à son égard ;

Considérant que le demandeur est fondé en jugement, que ses conclusions ne sont pas contestées, qu'elles ont été vérifiées, et qu'elles paraissent justes.

Par ces motifs,

Adjugeant le profit du défaut précédemment prononcé, condamne...
et aux dépens.

Jugement déclaratif de faillite par défaut.

Le Tribunal,

Attendu que..... ne comparait pas, ni personne pour lui défaut ;

Attendu que des documents produits au Tribunal, il ressort que..... est commerçant, qu'il est en état de cessation de paiements ; qu'elle résulte notamment d'un procès verbal de carence (ou autre fait), dressé contre lui, en date du..... par..... huissier, qu'en conséquence, il y a lieu de le déclarer en état de faillite ouverte ;

Par ces motifs,

Adjugeant le profit du défaut, précédemment prononcé, d'office en tant que de besoin, déclare en état de faillite ouverte (nom prénoms adresse et profession du failli), fixe provisoirement au jour de la demande, l'époque de la cessation de paiements, nomme M... juge commissaire, et le sieur....., syndic provisoire.

Dépens en frais de syndicat.

Jugement par défaut sans égard à la remise.

Le Tribunal,

Sur le sursis invoqué.

Attendu (suivent les motifs qui déterminent le tribunal à refuser la remise demandée).

Par ces motifs

Le Tribunal rejette le sursis invoqué.

Et attendu que le défendeur n'a pas conclu au fond ;

Le tribunal donne au demandeur et requérant, défaut contre le défendeur, et pour le profit, considérant que le demandeur est fondé en jugement, que ses conclusions ne sont pas contestées, qu'elles ont été vérifiées et qu'elles paraissent justes.

Par ces motifs,

Condamne.....

Jugement sur opposition.

Quand une opposition est formée contre un jugement rendu par défaut, (V. *suprà p.* 6), le tribunal statue dans les termes suivants sur cette opposition :

Le Tribunal,

Reçoit..... opposant en la forme au jugement par défaut rendu contre lui en ce tribunal, le....., et statuant au fond sur le mérite de cette opposition.

Attendu que..... (suivent les motifs sur le fond).

Si les prétentions de l'opposant ne sont pas accueillies, il est ainsi statué.

Par ces motifs,

Déclare..... mal fondé en sa demande contre..... l'en déboute ;

En conséquence le déboute de son opposition au jugement rendu contre lui le..... le condamne aux dépens.

Ou plus simplement :

Par ces motifs,

Déboute....., de son opposition au jugement rendu contre lui le....., le condamne aux dépens,

Si au contraire le jugement auquel est fait opposition est annulé, le dispositif est comme suit :

Par ces motifs,

Annule le jugement en date du....., dont est opposition, et statuant par jugement nouveau, condamne..... à payer à..... la somme de..... fr... avec intérêts suivant la loi ;

Et condamne..... en tous les dépens.

§ 3. — Des jugements sur exceptions

L'exception d'incompétence, est celle qui est le plus fréquemment opposée. Aussi croyons-nous devoir reproduire plusieurs espèces ayant donné lieu à des déclinatoires d'incompétence.

Ainsi que nous l'avons dit, les tribunaux de commerce statuent presque toujours en pareil cas par un seul jugement, (V. *suprà p.* 10), mais en séparant le renvoi proposé, et le fond en deux chefs distincts. Ils examinent d'abord le renvoi, puis s'il n'y a pas lieu de l'accueillir, statuent sur le fond.

Nous indiquons d'abord différentes espèces où l'exception d'incompétence a été accueillie par les tribunaux de commerce.

Jugements accueillant le déclinatoire d'incompétence.

Le Tribunal,
Sur le Renvoi.

Attendu qu'il n'est aucunement justifié que X..... fasse du commerce sa profession habituelle ; ni que les achats et ventes de fonds d'Etat dont le règlement donne lieu au procès, opérations accidentelles de la part du défendeur, aient été faites dans un but de spéculation, et aient par conséquent constitué des actes de commerce ;

Et attendu qu'à l'occasion d'une opération commerciale pour l'une des parties, et civile pour l'autre, la partie civilement obligée, ne peut être poursuivie que devant la juridiction civile ;

Que le tribunal est donc incompétent pour connaître du litige.

Par ces motifs,
Vu le rapport,

Se déclare incompétent ;

Renvoie la cause et les parties devant les juges qui doivent en connaître ;

Condamne..... aux dépens, lesquels comprendront..... fr., pour les honoraires de l'arbitre.

Le Tribunal,
Sur le renvoi opposé par.....

Attendu que..... soutient que la société... ayant revêtu la forme des sociétés anonymes prévue à la loi du 24 juillet 1867, et s'étant livrée à des actes de commerce, serait une société commerciale, et qu'en conséquence ce tribunal serait compétent pour connaître de la demande en nullité par lui introduite ;

Mais attendu que la nature civile ou commerciale d'une société dépend non de la forme de ses statuts, mais de son objet ;

Et attendu qu'aux termes de ses statuts la société avait pour but....

Attendu que l'objet de la société n'est pas commercial ; que..... ne justifie pas que la société ait changé de caractère pendant son exploitation ;

Qu'il y a lieu en conséquence de faire droit au moyen opposé et de renvoyer la cause et les parties devant les juges qui doivent en connaître.

Par ces motifs,

Se déclare incompétent, renvoie la cause et les parties devant les juges qui doivent en connaître ; et condamne le demandeur aux dépens.

Le Tribunal,
Sur le renvoi,

Attendu que pour repousser le déclinatoire opposé, les demandeurs soutiennent que la marchandise aurait été

livrée dans leurs magasins à Paris ; que le marché traité
par correspondance ne serait devenu définitif qu'au mo-
ment où l'acceptation de leur offre aux défendeurs leur
parvenait à Paris, que la convention aurait ainsi eu lieu
en cette ville, et que par application du paragraphe 2 de
l'article 420, c. proc. civ., le tribunal de commerce de
la Seine serait seul compétent ;

Mais attendu que sans qu'il y ait lieu de rechercher si
la marchandise a été livrée à Paris, il est constant pour
le tribunal que l'offre faite de Paris, par les demandeurs
de livrer de la marchandise aux défendeurs à un prix con-
venu, ne peut être considéré comme une promesse de
vente attributive de juridiction du tribunal du lieu où
elle a été faite, et qu'en cas d'acceptation, c'est le lieu
de l'acceptation, et non celui de l'offre qui doit être ré-
puté le lieu de la convention et celui du paiement ;

Qu'il en résulte que le concours des deux circonstances
résultant du paragraphe 2 de l'article 420, c. proc. civ.,
ne s'est pas réalisé ;

Et attendu que les défendeurs habitent..., qu'il résulte des circonstances de la cause, que c'est devant le tribunal de cette ville, que la contestation existant entre
les parties aurait dû être portée ;

Qu'il s'en suit, qu'il y a lieu pour ce tribunal de se
déclarer incompétent,

Par ces motifs :

Se déclare incompétent ;
En conséquence renvoie la cause et les parties devant
les juges qui doivent en connaître ;
Et condamne les demandeurs aux dépens.

Jugements rejetant le déclinatoire d'incompétence.

Suivent deux espèces où les tribunaux après avoir repoussé le renvoi proposé, statuent sur le fond.

Le Tribunal,
Sur le renvoi,

Attendu qu'il ressort de l'examen des statuts de la Société....., que cette Société avait pour objet des opérations multiples de constructions et de ventes d'immeubles,
lesquelles constituent de véritables actes de commerce ;
que cette Société est donc commerciale ;

Et attendu qu'il est établi aux débats que c'est pour les
besoins de son commerce, que la Société défenderesse a
créé les billets dont le paiement lui est réclamé ; qu'à
tous égards, ce tribunal est donc compétent pour connaître du litige ;

Par ces motifs ,

Retient la cause et statuant au fond.

Le Tribunal,
Sur le renvoi,

Attendu qu'il s'agit au procès de (objet de la spéculation) ;

Que cette spéculation constituait un commerce, et que
le tribunal est à bon droit saisi d'une action qui lui est
relative ;

Par ces motifs :

Retient la cause ;
Et attendu que..... n'a pas conclu au fond ;
Défaut ;
Condamne..... à payer à....., ... fr. avec les intérêts
suivant la loi ;
Et le condamne aux dépens.

2.

Jugement sur exception de nullité de procédure

Quand une exception tirée de la nullité de la procédure est proposée au tribunal, il est statué en ces termes :

Le Tribunal,
Sur la nullité de la procédure,

Attendu qu'il résulte des documents de la cause que (suivent les motifs) ;
Si l'exception est repoussée ;

Par ces motifs :

Dit qu'il a été bien procédé ;
Retient la cause et statuant au fond ;

Si l'exception est accueillie ;

Par ces motifs :

Déclare nulle et de nul effet la procédure suivie par.....
le renvoie à mieux procéder ;
Et le condamne en tous les dépens.

§ 4. — Des jugements sur appel de sentences du conseil des Prod'hommes

Les sentences des conseils des Prud'hommes, sont sujettes à appel, lorsque le chiffre de la demande excède 200 francs. Cet appel doit être formé devant le tribunal de commerce, ou le tribunal civil qui en tient lieu, dans les trois mois de la signification de la sentence.

Les jugements rendus par les tribunaux de commerce sur appel de sentences des Prud'hommes, sont rédigés conformément aux règles adoptées dans la pratique ; les prétentions de la partie qui succombe, sont exposées avant les motifs qui déterminent le tribunal à confirmer ou à infirmer la sentence dont est appel.

Nous reproduisons une espèce dans laquelle le tribunal confirme la sentence.

Le Tribunal,

Reçoit..... appelant en la forme d'une sentence rendue contre lui par le conseil des Prud'hommes de..... en date du..... et statuant sur le mérite de cet appel;

Attendu qu'à l'appui de son appel..... soutient qu'il n'existerait entre lui et..... aucun lien de droit, qu'il aurait traité à forfait avec un sieur..... de travaux de peinture pour lesquels..... réclame aujourd'hui un salaire; que dès lors la demande serait non-recevable et mal fondée ;

Mais attendu que, des explications contradictoires des parties et des pièces produites, il en résulte que..... entrepreneur général des travaux de peinture à exécuter à..... en a sous-traité une majeure partie à.....; qu'en raison de sa situation d'entrepreneur général, il lui appartenait de s'assurer que les ouvriers de son sous-traitant avaient été régulièrement payés des salaires à eux dûs ; que ne l'ayant pas fait, il est responsable envers les dits ouvriers des salaires dont le paiement est réclamé, qu'ainsi le moyen invoqué par..... n'est pas fondé et doit être repoussé :

Et attendu que de l'examen des comptes soumis au tribunal, il ressort que ..... reste débiteur de ..... au paiement de laquelle somme il doit être tenu ;

Par ces motifs ;
Dernier ressort,

Confirme la sentence des Prud'hommes en date du..... dont est appel ; ordonne qu'elle sera exécutée, selon sa forme et teneur (si la condamnation est réduite : mais toutefois à concurrence de .....) principal, intérêts et frais ;

Et condamne ..... à tous les dépens de première instance et d'appel.

Au contraire, quand la sentence est infirmée, le dispositif est ainsi conçu :

Par ces motifs :

Dit qu'il a été bien appelé, mal jugé ;
Infirme la sentence du conseil des Prud'hommes du ..... rendue contre ..... ;
En conséquence, déclare ..... mal fondé en sa demande ; l'en déboute ;
Et le condamne aux dépens.

TABLE DES MATIÈRES

CONTENUES DANS L'APPENDICE

Lons-le-Saunier. — Imprimerie J. Mayer et Cie.